# DERNIÈRES PENSÉES

# d'Albert Montagny.

Léon NOEL, éditeur.

— 1835 —

Il y a plus de choses au ciel et sur la terre que n'en rêva
jamais votre philosophie.


*Tædet animam meam vitæ; dimittam adversùm me eloquium
meum; loquar in amaritudine animæ meæ.*

Job., ch. 10, liv. 1.

# PRÉFACE DE L'ÉDITEUR.

Dans le grand moule où Dieu forge tous les types des organisations humaines, il en a mêlé quelques-unes plus sensibles, plus profondes et plus réfléchies que les autres; il les a créées de telle façon qu'elles ne peuvent vivre sans être froissées, mutilées au milieu de ces hommes sans cœur et sans but, au milieu de cette société qui pue la corruption : c'est le destin de pareils esprits de consumer leurs jours dans une lutte sans fin; de sentir la double étreinte d'une chaîne qui étouffe la pensée et qui ronge la vie; de vivre, toujours vivre avec les alarmes et les persécutions d'une guerre intérieure, jusqu'à ce qu'ils aient, après de longues années (bien longues quoique peu nombreuses), blanchi sous les angoisses et qu'ils soient eux-mêmes devenus le sépulcre de leur ame.

Albert Montagny, de Marseille, vint à Paris en 1828. Poëte sans avoir rien mis au jour, il fut apprécié de quelques-unes des sommités littéraires. Après une année de séjour dans la capitale, son organisation morale altéra sa santé ; il fut tué par l'énergie et le tumulte de ses sensations.

Son enfance n'offrit rien de remarquable, si ce n'est une intelligence la plus précoce et la plus prodigieuse ; il avait dans l'esprit tant d'impatience et d'activité qu'il ne put jamais le plier aux sciences positives, et pendant plusieurs années les mathématiques desséchèrent une imagination d'où la richesse et la poésie débordaient ; mais son étude de prédilection, c'était l'étude des langues : il les possédait toutes, tant anciennes que modernes, tant européennes qu'orientales ; et le Persan, le Turc, l'Arabe et l'Indou lui étaient aussi familiers que les idiômes du continent. Aussi, n'avait-il pas 24 ans qu'il répétait avec orgueil : « Je puis faire le tour du monde sans avoir besoin d'interprète. »

C'est à cet âge que son organisation morale commença ses ravages ; car déjà sa science du monde et son expérience de la vie étaient celles d'un vieillard. Rassasié de cette vie de province étroite et toute intérieure, il ne lui restait plus qu'un désir, qu'une espérance : c'était Paris ! Paris qu'il ne connaissait pas et qu'il n'avait jamais vu ; le Paris de ses rêves ! Paris, la ville étourdissante, enchantée ! Dans l'ivresse de sa pensée, c'était une vie nouvelle qu'il allait parcourir ; c'était un nouveau monde où son esprit accablé devait se retremper et trouver d'autres alimens ; c'était un théâtre digne de son ambition, une source où pouvait s'étancher sa soif de gloire ; une noble et lumineuse carrière où les nuages épais de son obscurité devaient disparaître, où son nom allait retentir enfin ; mais l'isolement et l'égoïsme qu'il y rencontra redoublèrent l'intensité de ses chagrins, et de nouveau l'Espérance replia ses ailes. Alors, pour lui comme pour Rousseau, la grande Babylone devint une ville de bruit, de boue et de fumée. Esprit coulé dans le moule d'Escousse et Lebas, déjà l'air manquait à sa poitrine, et sa vie n'était plus qu'un marasme, une perpétuelle convulsion : il y avait pourtant cette différence entre les auteurs de Farruk le maure et lui. L'ouvrage de M<sup>me</sup> de Staël sur le suicide lui fit une profonde impression. « Cette femme, disait-il, n'a rien de son sexe que les habits, et je lui dois le mépris que j'ai conçu pour le suicide. Je pense qu'il y a plus de courage à supporter une vie d'orages et de douleurs qu'à s'en débarrasser par une mort volontaire. Le suicide, à mes yeux, est une lâcheté sociale ; c'est le plus dégradant et le plus hideux des excès de l'espèce humaine. »

Montagny comprenait dans l'amour trop d'enthousiasme, trop de pureté, trop de sacrifices, trop d'abnégations. Pour que cette passion comblât le vide de son cœur, Dieu aurait dû créer un ange pour lui et les envoyer vivre tous deux dans un monde autre que celui-ci. Il a donc méprisé les femmes et maudit les hommes, parce qu'il a voulu mettre en pratique son idéale théorie, son utopie d'amour et d'amitié. S'il eût vécu dans notre époque toute palpitante de fraternité, de dévouement et d'espérance ; dans notre époque toute d'apôtres et de martyrs, ah ! sans doute son ame généreuse, héroïque, eût trouvé une vie réelle et sympathique dans un avenir qui ne peut échapper ; sans doute sa plume, déjà si forte et si colorée, eût concouru, comme tant d'autres, au grand œuvre de la réforme politique et morale.

Mais le lourd et méphitique atmosphère de la restauration l'étouffait. Combien de fois, dans ses promenades aux Tuileries, ne l'a-t-on pas vu s'asseoir en face du château et s'écrier avec l'accent de la haine la plus brûlante : Que je les hais ! que je les hais ! et là, toujours là ! et son doigt indiquait la royale demeure.

Ainsi, comme il le dit dans ses pensées, l'existence qui n'était pour lui qu'une longue et cruelle raillerie, l'égoïsme et la vanité du monde, ses sentimens et ses passions, ses pensées philosophiques et sa religion, son scepticisme et sa foi politique, son isolement et son ambition de gloire, tout se réunissait pour lui déchirer l'ame ; alors, pressentant qu'il n'était pas de son époque, désespérant de tout et ne pouvant supporter tant de déceptions, Montagny voulut vivre solitaire et vêtir à son tour le manteau de l'égoïsme : il était trop tard ; la mort l'avait marqué au front, et il succomba dans la 25^me année de sa vie.

Le lecteur pardonnera sans doute le désordre et l'incohérence des idées ; elles sont l'œuvre d'une seule nuit, l'œuvre d'un homme qui écrivait sous l'influence d'une mort prochaine. Il trouvera dans cette brochure des pensées morales désespérantes, exclusives, et d'une sévérité peut-être injuste dont l'éditeur ne prétend pas revendiquer la responsabilité vis-à-vis le monde ; c'est pour ce seul motif qu'il a estimé convenable, en publiant cet ouvrage, de protester contre tout ce qu'il peut contenir de condamnable et d'outré, et de repousser d'avance toute application personnelle qui lui serait faite des aveux échappés à la plume de l'auteur. Il a bien pensé qu'il y aurait trop d'ingratitude dans un pareil oubli,

# DERNIÈRES PENSÉES

# D'ALBERT MONTAGNY.

Que la vie est étrange ! Oh ! qu'elle est vide et creuse ! Comme tout ici-bas n'est que raillerie et déception! Tout est éteint, tout est déjà mort pour moi, et j'ai vingt-cinq ans !

De toutes les joies que le monde nous donne il n'en est donc aucune qui puisse dignement remplacer celles qu'il nous ravit ! Oh! que je souffre et que j'ai souffert ! Il m'est impossible de dépeindre l'état de mon ame, de matérialiser par des lettres mortes, inanimées, ces navrantes et perpétuelles impressions, ces terreurs, ces abîmes de mélancolie et de désespoir. Je me dessèche dans des angoisses si profondes que je deviens méchant, égoïste, et, n'ayant plus de sympathie pour les misères d'autrui, à peine puis-je rêver des miennes !! Toujours accablé, crispé moralement et physiquement, crispé à l'ame, mes forces s'épuisent dans la fatigue de continuels efforts. Mes sensations! oh! comme elles me tourmentent, comme elles m'agitent sans cesse! Tout se réunit pour me déchirer l'ame : ce sentiment immense, continuel et profond du néant et des vanités du monde ; l'incertitude de l'avenir, la peur de la misère, mon obscurité, l'isolement, la solitude du cœur, les pensées philosophiques, et plus que tout cela, oh! oui, par-dessus tout cela, les regrets lacérans d'une vie mal dépensée, d'une existence mal comprise, d'un avenir manqué!

Harrassé de corps et d'esprit, je rêve toujours, mais d'une rêverie amère, sombre, délirante. L'air manque à ma poitrine, et j'étouffe dans d'épouvantables convulsions morales.

Ennui, dégoût de la satiété d'une ame flétrie à vingt-cinq ans ; doutes arides, vagues regrets d'un bonheur entrevu plus vaguement encore, comme ces teintes du couchant sur la cime des montagnes ; douleurs positives, douleurs idéales, certitude que les richesses ne me rendraient pas plus heureux, persuasion enracinée d'une existence éternellement vouée au malheur : voilà ce qui fait de ma vie une pierre de Sisyphe, un enfer anticipé! Mon sommeil! ah! c'est encore l'ombre de ces pensées auxquelles je ne puis échapper et qui m'enveloppent comme un linceul. Mon cœur veille incessamment, et si mes paupières s'abaissent, c'est pour porter mes regards au-dedans de moi. Oh! qui pourrait donc arracher ce nœud de vipères dont les étreintes broient mon cœur et dont le poison enflamme et tarit le sang de mes veines!!

La douleur retentit dans ma tête comme des coups de massue; je suis fou, fou de désespoir. Ah! je souffre plus qu'il ne convient à un philosophe de l'avouer. Excès de peines morales, coups de poignard dans l'ame, ah! je suis écrasé......... Allons, allons! sois calme, ô mon cœur, ou brise-toi si tu ne peux résigner toutes les espérances que le monde te donna.... La lutte s'apaisera-t-elle enfin? Oui, quand autour de ce cœur il s'élèvera une triple muraille de diamans et d'airain; quand il sera devenu solitude immense, désert aride, où l'on n'apercevra plus que ravages, cendres et vestiges d'incendie, monceaux d'espérances écroulées, ruines fumantes d'illusions brûlées, cercueils et tombeaux de toutes mes sensations, de tous mes sentimens, de toutes les passions humaines.

Il y en a pourtant qui disent que l'espérance est encore le bonheur. Duperie de sots! Eh! que veulent-ils donc? que peuvent-ils donc espérer? Demandez à un mourant s'il n'a pas toujours espéré, si cette espérance ne s'est pas toujours jouée de lui. Que répondra-t-il? oui; et le malheureux incorrigible n'en mourra pas moins en espérant encore. Je ne suis pas incorrigible!

Il en est d'autres encore qui font de la philosophie

la science universelle, la science de la vérité, la science des causes et de leurs effets, et qui prétendent trouver le bonheur en elle. Métaphysiciens sophistiques! rhéteurs bavards, faux et menteurs! la science de la vérité nous échappera toujours, l'intelligence de l'homme étant trop bornée pour jamais la saisir. Les longues erreurs, les diverses démonstrations, les discussions et les différens systèmes de tous les philosophes prouvent assez que chercher à connaître c'est apprendre à douter.

L'ame, Dieu, la vie, le ciel, le monde, son commencement et sa fin, qu'est-ce que tout cela? répondez, sublimes rêveurs modernes; donnerez-vous la solution de tous ces problêmes? Ténèbres et chaos pour vos étroites cervelles.. Socrate et Sénèque m'en ont-ils appris davantage que Newton et Voltaire? Et pourtant que de siècles se sont évanouis des deux premiers aux deux derniers! Et nous marchons toujours dans les ténèbres. Notre seule science est de savoir qu'on ne peut rien savoir, disait Socrate. Que sais-je? répondait Montaigne à toutes les questions de métaphysique. C'était aussi la devise des premiers philosophes de l'académie. Il n'est rien, disaient-ils, qui mérite le nom de certitude; voilà ce qu'offre de plus clair la condition humaine. Nous rêvons tous, dit Byron, à perte de vue, et nous voulons que le monde adopte nos erreurs. Me direz-vous ce que c'est que l'existence? Ce qui distingue la vie de la mort? Si la seule différence est que la vie jouit de la respiration, ce n'était guère la peine de l'établir. Existe-t-il un fil qui puisse nous conduire dans ce ténébreux labyrinthe,

celui de la nature et de nos pensées? Non, il n'est pas
de torche dont les rayons puissent nous éclairer dans ces
catacombes de l'esprit humain. Tous les systèmes se terras-
sent et se dévorent entre eux : preuve évidente de leur in-
faillibilité. Je n'accepterai donc aucun parti, aucune secte,
aucune religion, et je me déciderai quand l'accord et
l'harmonie résulteront du choc de tant d'opinions diverses.

Désolante pensée! Toujours nager dans une mer de
doutes! Mais qui donc aujourd'hui oserait franchement
aborder la question de l'immortalité de l'ame? Interrogez
Lamartine; interrogez Broussais. L'un vous répondra oui,
l'autre non. Fouillez tous ces trésors de l'antique sagesse;
que vous apprendront ces oracles des vieux jours? Le doute,
l'erreur et la vérité luttent dans leurs écrits. Effrayans
chaos de lumières et de ténèbres, d'esprit et de matière,
leurs systèmes se combattent, se détruisent, et ne laissent
plus à l'ame d'un homme des temps modernes qu'une impression passagère comme le léger sillage d'une barque sur
la surface des flots. Ici Protagoras, là Platon; ici Pyrrhon,
là Socrate; plus loin, c'est la troupe fangeuse des pourceaux
d'Épicure dont la dégradante morale consistait à trouver
Dieu et le bonheur dans la matière.

Certes, nous avons tous un ardent désir de saisir et de de-
viner notre nature; mais il y a ce mur de l'impossible, du
défendu, contre lequel se pulvérisent les systèmes et que les
plus hardis élancemens de la pensée ne peuvent franchir.

Je croirais plutôt que notre vie est une fausse nature, et que tout ici-bas est transitoire, intermédiaire. Mes douleurs d'aujourd'hui seront-elles compensées en ce monde ou ailleurs? Je ne sais rien. Dieu, la mort, le monde, voilà le but de tous les regards; on vit avec cette pensée, on la porte, on la nourrit dans son sein; on voudrait déchirer le voile, briser la chaîne d'argile qui étouffe l'intelligence pour s'élancer, — où? on n'en sait rien; et voilà ce qui ronge la vie.

Ah! pour le repos et le bonheur de certains esprits, l'ignorance de certaines choses est préférable et nécessaire; car ceux dont les veilles se sont usées dans l'étude des secrets de notre essence doivent le plus profondément gémir sur cette navrante et fatale vérité : il y a dans le ciel et sur la terre une mysticité complice que toute la philosophie des hommes ne pourra jamais atteindre ni révéler. C'est une alchimie morale; c'est un gouffre, un abîme sans fond que du regard on mesure avec effroi; un chemin ténébreux et coupé où les pieds heurtent à chaque instant; c'est une noire, vaste et profonde caverne où l'œil humain ne rencontre pas même les rayons d'une stalactite. Pour attaquer un doute, non-seulement le cercle de l'intelligence humaine est trop étroitement circonscrit, mais le langage lui-même est impuissant. Loin de la peindre, les mots étouffent la pensée. Il y a en nous des sensations intimes, des sentimens profonds qu'aucun idiôme ne peut rendre, qui ne peuvent revêtir les formes matérielles, et qui, ne trouvant aucune issue, se rouillent au cœur de l'homme comme une épée dans un fourreau.

La science de la philosophie n'est donc autre chose que l'échange d'une ignorance contre une autre espèce d'ignorance ; c'est la plus grande et la plus méprisable de nos vanités. Ainsi, courbons-nous ; que sert d'attaquer l'impossible ? Après l'anatomie de ces douleurs, on doit les contempler froidement, se familiariser avec elles, d'autant plus que l'idée qui prédomine, c'est qu'on n'y peut rien. Maladie sans remède, plaie incurable que la mort seule peut guérir par la destruction du moi.....

J'ai profité des leçons de la vie ; elles ont été rudes, et j'ai senti que le monde n'était pas fait pour moi. Jeune encore, j'ai brisé les fers de mon premier âge où l'imagination brûlante et féconde n'aperçoit rien qu'à travers le prisme radieux de l'illusion, cette mère des rêves dorés. Il m'a pourtant été pénible de chasser de mon ame sans défiance tous les rêves qui l'habitaient lorsque l'imagination tenait son sceptre tout-puissant, divinisait la femme et me faisait croire jusqu'à son sourire. Comme ces feuilles que le souffle d'automne flétrit, arrache aux branches de l'arbre qui les portait et qui jonchent le sol ; ainsi les illusions de la vie se sont desséchées dans mon cœur d'où elles sont tombées une à une, et je les foule aux pieds avec honte et dépit ; j'ai laissé les royaumes aériens de la troupe des fées, je suis descendu de leurs palais de nues, j'ai quitté leurs rondes nocturnes et mystérieuses, et j'ai compris que la femme ici-bas est aussi fausse que belle, et que les amis ont de la sensibilité pour eux seuls. Il n'est plus ce temps où, dans chaque rêve de la nuit, mon esprit, fatigué de la terre, s'élançait au ciel pour vivre d'une vie plus intense ; pour me mêler à des groupes de femmes brunes et pâles ; pour contempler des formes si pures, si frêles, si aériennes, telles que n'en revêtent point les filles de la terre ; pour me perdre au milieu d'une cour folle et bigarrée de sylphides aux ailes roses et bleues, et danser avec elles sur des nuages ; pour les entendre murmurer à mon oreille une mystérieuse et suave harmonie, des mots qui ne sont point ceux de ce monde et que je comprenais pourtant ; pour baiser des chevelures si odorantes qu'elles feraient honte aux parfums de la Chine ; pour sentir sous ma paupière mes yeux brûler comme deux charbons ardens et dévorer jusqu'à leurs charmes les plus secrets, voilés seulement par un tissu d'azur aussi diaphane que des ailes d'abeilles ; pour boire et m'enivrer du poison de leurs yeux ; pour m'endormir dans la volupté de leurs chants, et pour être enlevé par elles dans leur palais doré de vermeil et d'azur, formé des transparentes vapeurs du crépuscule d'un jour d'été. Visions ineffables ! enivrantes créations de l'esprit où j'étais divin comme elles, elles terrestres comme moi !

Cette délirante fièvre de l'imagination s'est calmée, et du ciel je suis tombé sur la terre dans un enfer qui n'est pas fait pour moi. De dieu, je suis devenu homme ; et quel homme ? un Caïn maudit, poursuivi par deux fantômes, ses souvenirs et sa pensée !! Après le naufrage de mes espérances, le roc où se réfugia la dernière de toutes est aujourd'hui brisé par la foudre ; elle s'est engloutie dans l'abîme des flots ; mais l'orgueil et la force de mon ame seront la planche de salut avec laquelle j'aborderai plus tard une plage moins aride et moins déserte que celle de la vie.

Oui, un jour peut-être, un jour la grande lutte s'achèvera, le combat s'apaisera dans mon sein, et le torrent des passions n'y précipitera plus son impétueux courant.

Si la haine était une jouissance pour moi, c'est peut-être avec quelque justice que je pourrais la déverser sur le monde. Car devant les mensonges d'un monde qui m'a censuré, noirci, toutes les bouches fidèles de mes amis se sont tues ; leur silence m'a désavoué, et j'appris par là que ceux que je chérissais le plus méritaient le moins mon affection. Je pourrais leur cracher au visage toute ma haine et mon mépris, car ils ont tout épuisé pour faire de moi un ennemi haineux de son espèce. Mais le fiel n'a jamais aigri mon cœur, et je ne hais ni ne méprise le monde, ni la guerre de tant d'ennemis ligués contre un seul ; et si la mort allait bientôt trancher le cours de mes années, s'il m'était bientôt permis de me coucher dans ma fosse et de me délasser d'avoir vécu, la seule vengeance que j'invoquerais serait de pardonner ; car si mon ame n'était pas faite pour le priser, ce monde, c'était folie de ne pas le fuir plus tôt : c'est donc à moi seul que cette erreur a coûté ; c'est aussi moi seul qui dois en porter la peine. Les fautes de mon jeune âge, quelles qu'elles aient été, si elles ne sont pas encore oubliées, pourront être rachetées par le temps et la solitude volontaire à laquelle je me suis condamné ; et si dans ma jeunesse mon âme a été fougueuse, ardente et traversée par toutes les passions humaines, mes torts ont été ceux d'un jeune fou, amoureux de la vie et que les plaisirs d'ici-bas trouvaient toujours insatiable.

Oh ! c'était étrange ! Esclave de toute joie vicieuse, capricieux comme le vent, plein d'inclinations sauvages, faisant de la honte un préjugé, essayant de tout ce qui promettait jouissance ou volupté, j'avais parcouru le labyrinthe du vice, j'avais touché le but à l'âge où les autres commencent. Extrême en tout, ne pouvant supporter ni comprendre la vie dans un milieu fade et vulgaire, j'avais tout épuisé, peines et plaisirs ; car, dans ma dévorante ardeur de sensations, dans ma brûlante soif de secousses et de transports, j'avais cherché dans l'intensité de l'émotion un moyen d'échapper à l'ennui d'une vie monotone et engourdissante. Il y avait de plus en moi une étrange perversité de l'ame, un mépris vital de tout qui me poussait avec une égale indifférence au bien comme au mal. Nouvel Erostrate, j'étais jaloux de m'élever au-dessus ou de tomber au-dessous des hommes ; je me plaisais, par un secret orgueil, à me séparer d'eux par des choses bonnes ou mauvaises, mais telles que peu d'entre eux n'eussent osé faire comme moi. J'outrageais ainsi la raison et la morale par une ambition démesurée que je voulais satisfaire à tout prix.

Et pourtant cette folie venait du cœur et non de la tête ; car j'en appelle maintenant à la nature pour partager avec elle ma honte et mes remords et pour trouver en elle une excuse que le monde m'a refusée. C'est elle qui m'a donné pour douaire cette impétuosité du cœur, cette frénésie de l'ame, ce délire de la tête, ces étranges et convulsives sensations, cette dévorante activité de l'esprit, ce sang qui brûle mes veines, et ce corps pétri de lave et de brû lante poussière ; c'est elle dont le souffle alluma dans mon sein la flamme corrosive de passions qui semèrent sur mes pas le blâme et la malédiction. Et pourtant, je n'ose ni ne dois la maudire à mon tour ; non, je ne serai pas ingrat. Ces élémens, cette immense et profonde faculté de l'amour, c'est elle aussi qui me les a départis avec une rare profusion ; et si mes jeunes rêves de bonheur ont dépassé la réalité, si une virilité orageuse a suivi ma jeunesse déçue, si mes forces se sont épuisées, si mes années se sont perdues à la poursuite d'un fantôme, si mon esprit avait placé son trône loin de ce monde dans des régions qui lui étaient propres, si l'amour et l'amitié ne sont plus pour moi qu'une diplomatie sociale, que deux mots inventés pour cacher un jeu où chacun cherche à faire de son partenaire une dupe ou un instrument, je ne lui demanderai pas compte des railleries et des déceptions de ce monde ; non, je ne serai pas ingrat : je voudrais seulement forcer mon ame à la haine pour avoir trop aimé !

Trompé par le monde à l'école du désappointement, condamné par ma franchise à toujours être dupe, j'ai maudit la cause de mes maux et la perfidie de ceux qui s'*appelaient* mes amis et qui me trahissaient en secret. Mais quand l'expérience, cette pierre de touche glaciale, décolora mes illusions, tout en ayant le sentiment de mes fautes et en me condamnant moi-même, je me consolais dans cette pensée que le reste des hommes ne valait pas mieux que moi, et que les meilleurs étaient des hypocrites qui cachaient des actions que des cœurs plus hardis ne craignaient pas de commettre au grand jour ; alors, je compris que les

femmes n'étaient pas selon le rêve de mon imagination,
ce qui arriva trop tard pour mon repos.


Et j'aimais pourtant! oui, j'aimais comme aucun cœur
mortel n'a jamais aimé! Était-ce bien de l'amour? O ciel!
je te prends à témoin, toi qui vis toutes mes faiblesses et
qui comptas mes larmes! Cet amour était d'un tel prix
pour moi sur terre que je ne voulais rien de plus à espérer
dans le ciel. Je l'aimais, et pour le sacrifice d'une vie en-
tière de dévouement jetée à ses pieds, elle m'a laissé, à la
fleur de mes ans, la coupe de regrets et de misère à épui-
ser!! Mais où donc, où mon ame trouvera-t-elle le repos?
un refuge contre ma mémoire, un remède contre l'ulcère
qui me dévore? Où trouverai-je maintenant un œil qui
daigne me sourire, un cœur qui veuille devenir le frère
du mien? Où trouverai-je une consolation pour mes chagrins, un baume pour ma blessure, un appui pour ma fai-
blesse? Laissez-moi, souvenirs des tendresses passées, des
plaisirs perdus sans retour, laissez-moi; arrière, fantôme
qui trouble mon cerveau brûlant, égaré! Illusion de l'esprit et des sens engendrée par l'insomnie et le délire
fiévreux!!


O ma mémoire! pourquoi me torturer encore? Le présent est perdu pour moi; mes espérances de bonheur sont
éclipsées : par pitié, dérobe-moi le passé! Pourquoi rap-
peler une image, des traits que je ne dois plus contempler? pourquoi ranimes-tu un souvenir qui provoque les
battemens les plus insensés du cœur? Il n'est plus en ta

puissance d'ajouter un remords, un regret à mes chagrins : l'espérance a soupiré son dernier adieu ; je ne demande plus que l'oubli !.....

Au milieu du vaste troupeau des hommes il est une race d'hommes qui, dès le jeune âge, anticipent sur la vieillesse et meurent avant le temps sans qu'ils aient abrégé le cours de leur vie par une mort violente. Ils tombent usés par le dégoût et la satiété, par l'ennui de la vie dont ils ont compris toute la froide réalité, toute la nudité. Leurs méditations profondes et l'énergie de leurs pensées intimes dessèchent et brisent leurs cœurs, et les feux du premier âge s'éteignent avec leur sensibilité ; l'ame tombe alors dans une torpeur morne et stupide ; elle est accablée d'un froid égal à celui du marbre de la tombe, et ce ne sont pas seulement les roses du teint qui se flétrissent en eux si promptement ; mais le cœur lui-même, avant que la jeunesse soit passée, a perdu sa délicate et virginale fraîcheur. La source des pleurs est alors enchaînée par un souffle glacé, et l'étincelle que l'œil peut encore lancer ne brille plus que d'un feu morne et sombre comme les rayons d'une lampe sépulcrale. Depuis long-temps la coupe enchantée du plaisir ne contient plus pour eux qu'une liqueur insipide et fade ; les feuilles de l'arbre de la vie rougissent et se dessèchent, la sève se tarit sous l'écorce et le fruit périt dans sa fleur.....

Oh ! si je pouvais pleurer comme je pleurais autrefois sur mainte scène évanouie maintenant ! mais les larmes retombent sur mon cœur une à une, lourdes et brûlantes, et dans leur chute elles ont creusé l'ulcère qui le dévore. Je ne suis plus au temps de ma jeunesse où j'étais prompt à sentir ; autrement j'aurais peut-être assez de lâcheté pour faire à la tombe un présent de la moitié de ma vie ; et si, malgré le deuil de mon ame, je tressaille encore au souvenir de l'heureux théâtre et des douces scènes de mon enfance, si la source de mes larmes d'amour et de sympathie est épuisée, si je ne puis être aujourd'hui ce que j'étais autrefois, ô ma pensée ! oh ! par pitié, étouffe en moi le sentiment de ce que je suis !!!

O temps ! un jour peut-être je saurai mieux soutenir le poids de ton fardeau : mais je le supporterai toujours seul ; je ne voudrais pas qu'un autre cœur partageât l'amertume des jours que tu m'as comptés. Des années d'infortunes, de remords et d'angoisses, voilà donc tout ce que tu m'as donné ? Ta faux a moissonné toutes mes espérances d'ici-bas, ton souffle a renversé l'édifice de mes rêves, et, dans ta rage de destruction, tes mains ont brisé mon avenir et tu l'as foulé aux pieds. Tu as fait de moi une fournaise où mon cœur fut éprouvé comme l'acier ; tu m'as chargé d'une chaîne dont les anneaux invisibles, insonores, ont étouffé ma vie ; enfin, tu as amoncelé sur mes jeunes années plus d'orages, de malédictions et de tortures qu'on ne pourrait en éprouver pendant un siècle de vie. Et pourtant, tu le sais, mes lèvres ont-elles jamais murmuré la plainte ? Ai-je rampé sous le désespoir ? Ai-je fléchi sous la tempête ? Ah ! si tes nuages livides ont obscurci l'horison de ma vie, s'ils ont éclipsé les rayons de mon étoile, tu ne pourrais maintenant ajouter une nuit de plus aux ténèbres de mon ame.

La coupe déborde depuis long-temps, et tu n'es plus pour moi qu'un mouvement monotone dont je compte et maudis la mesure. O temps! un jour il y aura une scène que, malgré ta puissance, tu ne pourras altérer, un terme de ta course lente et paresseuse, alors que, parvenu aux limites de ma carrière, je dormirai dans la paix d'un sommeil trop profond pour entendre l'orage gronder sur ma tête. Oh! je souris à cette pensée, qu'un jour ta fureur sera stérile et que ta faux se brisera sur la pierre d'une tombe!!!

Dijon, Imp. de Simonnot-Carion.